BEI GRIN MACHT SICH IHR WISSEN BEZAHLT

- Wir veröffentlichen Ihre Hausarbeit,
  Bachelor- und Masterarbeit

- Ihr eigenes eBook und Buch -
  weltweit in allen wichtigen Shops

- Verdienen Sie an jedem Verkauf

Jetzt bei www.GRIN.com hochladen
und kostenlos publizieren

Ingmar Ehler

Rezension zu Paul Willis: Spaß am Widerstand

GRIN Verlag

Bibliografische Information der Deutschen Nationalbibliothek:

Die Deutsche Bibliothek verzeichnet diese Publikation in der Deutschen National-
bibliografie; detaillierte bibliografische Daten sind im Internet über http://dnb.d-
nb.de/ abrufbar.

Impressum:

Copyright © 2013 GRIN Verlag GmbH
Druck und Bindung: Books on Demand GmbH, Norderstedt Germany
ISBN: 978-3-656-57536-8

Dieses Buch bei GRIN:

http://www.grin.com/de/e-book/265988/rezension-zu-paul-willis-spass-am-widerstand

GRIN - Your knowledge has value

Der GRIN Verlag publiziert seit 1998 wissenschaftliche Arbeiten von Studenten, Hochschullehrern und anderen Akademikern als eBook und gedrucktes Buch. Die Verlagswebsite www.grin.com ist die ideale Plattform zur Veröffentlichung von Hausarbeiten, Abschlussarbeiten, wissenschaftlichen Aufsätzen, Dissertationen und Fachbüchern.

Besuchen Sie uns im Internet:

http://www.grin.com/

http://www.facebook.com/grincom

http://www.twitter.com/grin_com

Rezension
Willis, Paul 1979: Spaß am Widerstand. Gegenkultur in der Arbeiterschule, Frankfurt: Syndicat

Das rege Interesse an jugendlichen Peergroups und Jugendkulturen, das aktuell in der sozial- und erziehungswissenschaftlichen Forschung herrscht, gibt Anlass, auch ältere Studien zu diesem Thema zu betrachten, einerseits um Jugendkulturen historisch zu vergleichen und zu verstehen, inwiefern sich ihre Rolle in einem größeren gesellschaftlichen Kontext verändert hat, andererseits um nachzuvollziehen, wie sich die Forschung methodisch entwickelt hat, ob und wenn ja welche anderen Aspekte von Jugendkulturen, z.b. im Hinblick auf die weitere Entwicklung ihrer Mitglieder, nun fokussiert werden. Vielleicht hilft hier gerade das Studium vergangener Forschung auch, den Blick für das Verhältnis von Forschungsinteresse und -ergebnis zu schärfen, insofern bei älteren Studien eher mit anderen Paradigmata zu rechnen ist, als bei neueren.

Für diesen Zweck ist Paul Willis „Spaß am Widerstand" sehr gut geeignet (Titel der Originalausgabe: „Learning to labour. How working class kids get working class jobs."). Dabei handelt es sich um den Bericht über ein Projekt, in dem Willis von 1972 bis 1975 den „Übertritt von Jungen aus der Arbeiterklasse ohne höhere Schulbildung ins Arbeitsleben" (S. 9) untersuchte, und dessen Analyse. In einer der ersten rein qualitativen Studien in diesem Forschungsbereich hat er die Schüler einer Schulklasse in einer mittelenglischen Großstadt in ihren letzten Schuljahren und in der Zeit danach begleitet. In seinem Buch geht er der Frage nach, welche Rolle die spezifische Jugendkultur einer Gruppe von Arbeiterkindern in dieser Klasse, die sich in klarer Opposition zu den Werten der Schule befand, bei diesem Übergang gespielt hat.

Der erste Teil der Publikation versteht sich als Ethnografie der Schule und der oppositionellen Kultur der Arbeiterjugendlichen (der „lads") in dieser und bleibt tatsächlich über weite Teile sehr nah am empirischen Material. Das besteht vorwiegend aus Gruppen- und Einzelinterviews, zum Teil auch aus Beobachtungen bestimmter Situationen, wobei letztere leider nicht explizit als solche gekennzeichnet werden, d.h. es lässt sich nicht eindeutig sagen, ob es sich dabei um eigene Beobachtungen des Autors handelt, oder z.B. um die Zusammenfassung von Schilderungen seiner Interviewpartner. In diesem ersten Teil folgt auf eine Charakterisierung der „lads"-Kultur meist ein charakteristischer Auszug aus dem empirischen Material, der sie belegen und verdeutlichen soll. Auf diese Weise wird zunächst die „Gegen-Schulkultur" als Opposition gegen die Autorität dargestellt, die vorwiegend als Stil zum Ausdruck kommt und als „getarnte […] Auflehnung, die stets vor der offenen Konfrontation halt macht." (S. 26) Die „lads" grenzen sich von den konformistischen Schülern, den „ear'oles" ab, also den Schülern, die ¸ganz Ohr' sind, höchst passiven Zuhörern. Ihr Selbstbewusstsein speist sich aus dem, worin sie sich den „ear'oles" überlegen sehen: aus der Möglichkeit, Spaß, Unabhängigkeit und Aufregung zu haben und aus einer sexuellen Überlegenheit. Noch konkreter als im Verhalten zeigt sich

1

die Opposition als symbolisch-stilistische, wobei vor allem Kleidung, Zigaretten und Alkohol eine Rolle spielen, die öffentlich zur Schau gestellt bzw. konsumiert werden, um die Lehrer zu provozieren. Willis bezeichnet die Gegen-Schulkultur als informelle Opposition gegen die formelle Kultur der Schule, bzw. als „Rückzug ins Informelle" (S. 42), womit er meint, dass die Opposition gegen die sichtbaren Strukturen der Schule eben vor allem in Stil, Mikro-Interaktion und nicht-öffentlicher Rede stattfindet und in dieser Form, die sich aus der Gegen-Schulkultur ergibt, nur dort stattfinden kann. Die Infrastruktur der informellen Gruppe – der Gruppe der „lads", die im Gegensatz zur Schule ohne öffentliche Rollen, physische Strukturen, anerkannte Hierarchien und Institutionen auskommt – „lokalisiert und ermöglicht alle anderen Elemente der [Gegen-Schul-]Kultur" (vgl. ebd.). Dazu gehört auch etwas, das als ‚Weltklugheit' bezeichnet wird, ein Wissen, das sich durch außerschulische Kontakte mit der Arbeit und andere Klassenkontakte speist, die durch ein Netzwerk vermittelt werden, das von dieser Gruppe ausgeht. Willis beschreibt ‚Weltklugheit' als „Fähigkeit, einerseits öffentliche Sachverhalte und Ziele zu registrieren und andererseits dahinterzublicken, ihre Implikationen zu erwägen und herauszufinden, was tatsächlich vorgeht." (S. 46) Die Opposition gegen den „mächtigsten erkennbaren Zweck [der Schule]: einen zur Arbeit zu bringen" (S. 48) gestaltet sich höchst virtuos. Neben Schwänzen zählen dazu Aktivitäten, wie ein Schuljahr lang nichts zu schreiben und sich jederzeit frei in der Schule zu bewegen, was auch einen Angriff auf die offiziellen Zeitbegriffe der Schule darstellt, gegen das Diktat des Stundenplans und die Auffassung von Zeit als etwas, mit dem man sorgfältig haushalten muss, für Ziele in der Zukunft. Das Lachen („a laff") und der Humor der „lads" spielen ebenfalls eine wichtige Rolle in der Gegen-Schulkultur, u.a. als „Ausweg aus jeglicher Schwierigkeit" (S. 52). Es werden dabei insbesondere autoritäre Themen abgewandelt und verulkt wobei das Ambiente der Schule eine so große Rolle spielt, dass die Späße für Außenstehende nicht leicht nachvollziehbar sind. Es geht den „lads" darum einerseits durch schnelles Sprechen und Humor ihre Cleverness zu beweisen, andererseits andere (mitunter auch andere „lads", aber vor allem Lehrer und „ear'oles") verächtlich zu machen, durch Aufspüren von Schwächen. Noch mehr Aufregung bieten Schlägereien und Gewalt, die zwar nicht so alltäglich wie z.B. die „laffs" sind, weil sie von den „lads" als gefährlich anerkannt werden, aber für die Kultur trotzdem eine große Rolle spielen. „Der Nimbus der Gewalt, mit ihren Konnotationen von Maskulinität, [zieht sich] durch die ganze Kultur" und die „Grammatik der realen Kampfsituation", die den gesamten Umgang der „lads" miteinander prägt, hält Willis für etwas, das jemand, der keine reale Gewalt erlebt hat, nur schwer simulieren kann (vgl. S. 63). Neben den „ear'oles" gibt es noch zwei weitere Gruppen, gegenüber denen sich die „lads" abgrenzen und definieren: Mädchen und ethnische Minderheiten. Mädchen spielen für sie entweder als Sexualobjekt oder als Freundin, als häuslicher loyaler Partner, eine Rolle. Dem Sexualobjekt wird „außer sexueller Attraktivität keine eigene Identität zugestanden" (S.74), der Freundin der Sexualität weitestgehend abgesprochen. Sie soll zwar sexuell attraktiv, aber unerfahren sein. Es ist den „lads" äußerst unbehaglich, die Möglichkeit der Sexualität der Freundin mit anderen, wie auch die Sexualität als dominantes Merkmal der eigenen Beziehung zu thematisieren (vgl. S. 76). Die Reaktion der Mädchen auf diese Erwartungen der „lads", nennt Willis romantisches Verhalten. Doch gerade dieses wird von den „lads" als alberne Indirektheit und angeborene Schwäche der Frauen interpretiert, und verschafft ihnen so ein Überlegenheitsgefühl. (vgl. S. 76f) Dasselbe gilt für ethnische Minderheiten, die von den „lads" mit Selbstverständlichkeit herabsetzend betrachtet wer den. Darüber hinaus sind ethnische Gruppen in der Klasse und noch mehr bei informellen schulischen Situationen streng voneinander getrennt.

Zuletzt geht Willis auf die vielen Gemeinsamkeiten der Gegen-Schulkultur mit der Arbeiterkultur in den Betrieben ein und beschreibt den Übergang der „lads" in diese. Die Betriebskultur ist bestimmt vom Versuch, trotz schwerer Bedingungen und äußerer Führung Sinn im eigenen Tun zu suchen. Willis sieht in den Vorgängen im Betrieb den Gegensatz von toter Arbeitserfahrung und lebendiger Kultur, die wie die Gegen-Schulkultur nicht bloßer Puffer „zwischen den Menschen und dem Unangenehmen" ist, sondern Aneignung, Ausübung eigener Fähigkeiten, Bewegung und Aktivitäten im Dienst bestimmter Ziele (vgl. S. 84). Sie ist maskulin, hart und maskulin chauvinistisch. Charakteristisch ist der „massive Versuch, informelle Kontrolle über den Arbeitsprozess zu erlangen" (S. 86): nicht der Vorarbeiter kontrolliere den Betrieb, sondern die Männer, beschreibt ein ungelernter Fabrikarbeiter die Situation. Die Organisationseinheit der Betriebskultur, die „der offiziellen Autorität die Kontrolle über symbolische und reale Freiräume [abtrotzt]" (S. 87) ist eben falls die informelle Gruppe. Der Gegen-Schulkultur sehr ähnlich ist auch der harte Umgang mit Informanten, wenn es um das „Organisieren" von Gegenständen und andere nicht legale Tätigkeiten der Arbeiter geht (was dem „Petzen" in der Schule entspricht), die besondere Sprache, der Humor und die Überzeugung, dass Praxis grundsätzlich wichtiger sei als Theorie. Willis sieht eine Kontinuität im Übergang der „lads" von der einen in die nächste Kultur: die Aktivitäten der informellen Gruppe der Gegen-Schulkultur stellen Normen für die Gegenwart, sowie für die Zukunft auf (vgl. S. 151). Die Richtlinien, nach denen sie ihren späteren Arbeitsplatz auswählen sind die Möglichkeit, sich dort offen äußern zu können, den Mitarbeitern vertrauen zu können, dass es Vorgesetzte als Antagonisten gibt und somit eine Sie-wir-Situation, ein maskulines Ethos herrscht und keine Unterwürfigkeit erwartet wird. Vor allem aber muss die Arbeit ‚schnell gutes Geld´ bieten und die Möglichkeit, mal ‚etwas abzustauben´, um das, was die „lads" als „wirkliches Leben" verstehen, finanzieren zu können. Während der Schulzeit und zur Zeit der Jobsuche schließt das ein, Pubs und Diskos aufzusuchen, sich moderne Kleidung zu kaufen und mit Mädchen auszugehen. Eine große Vielfalt der Berufsmöglichkeiten (der manuellen, halb-qualifizierten Jobs, die für die „lads" erreichbar sind) und die Möglichkeit wirklicher Befriedigung an der Arbeit, was ihnen beides im Berufskundeunterricht in der Schule suggeriert wird, können die „lads", aus Willis Sicht vollkommen zurecht, leugnen. Gleichzeitig ist die Arbeit trotzdem etwas, worauf sie sich freuen. Beides ist möglich, weil sie eine „Alternative zu Befriedigung und Sinnerfüllung in der Arbeit - und zur Notwendigkeit, diese zu finden" haben: die äußere, auf der Gruppe basierte Befriedigung, die auf der Auffassung von Arbeitskraft und der maskulinen Art, sie einzusetzen, beruht, welche sie in Opposition gegen die Schule angenommen haben. (vgl. S. 159f) Als „Gegenstück zur Isoliertheit von Schule und geistiger Aktivität" (S. 162) soll der an sich sinnlosen körperlichen Arbeit ein Wert zu

3

kommen, wofür sie Aspekte der umgebenden Kultur reflektieren muss: Für die „lads" drückt sie Opposition gegen die Autorität aus, Aggressivität, Scharfsinn und Schläue, Unehrerbietigkeit, Solidarität, potenzielle Herrschaft über Frauen und Anziehung auf diese. (vgl. ebd.) Eine solche Auffassung lässt sie später ihre körperliche Arbeit bejahen, den Status quo am Arbeitsplatz akzeptieren und prädestiniert sie damit für diese Arbeit. Außerdem macht ihnen die Gegen-Schulkultur kurz- bis mittelfristig den Übergang zur Arbeiterkultur leichter, aufgrund der zunächst gut erreichbaren Befriedigung ihrer obengenannten Neigungen und weil sie wissen, dass „die entscheidenden Prüfungen […] kultureller Art sind" (S. 170). Hauptsächliche Neuerungen und Parameter für die Wandlung der Gegen-Schulkultur zur Arbeiterkultur sind der Zwang des Arbeitsplatzes zu einer gewissen Produktivität und zu einem elementaren maskulinen Respekt.

Im zweiten Teil des Buches analysiert Willis die Ergebnisse des ersten Teils über die Gegen-Schulkultur da hingehend, dass es eine halb-autonome kulturelle Ebene gibt, d.h., dass die kulturellen Formen nicht einfach durch Klasse, Ort, Region und Bildungs-Background, etc. determiniert sind, sondern dass diese strukturellen Determinanten nur durch Vermittlung über eine kulturelle Ebene wirken. In Willis' Terminologie ‚durchdringt' die Gegen-Schulkultur, bzw. das Subjekt der kulturellen Ebene, hier die informelle Gruppe, rational und kreativ die fundamentalen Beziehungen und Kategorien der Gesellschaft (vgl. S. 186) und eignet sich damit die Existenzbedingungen ihrer Mitglieder und deren Position im gesellschaftlichen Ganzen kognitiv an. (vgl. S. 184f) Andererseits unterliegt die Gegen-Schulkultur dabei der ‚Beschränkung': „Blockierungen, Ablenkungen und ideologischen Effekte[n], die die volle Entwicklung und den Ausdruck dieser Impulse hemmen und verwirren." (S. 185) Zusammengenommen ergibt sich daher eine nur ‚einseitige [partial] Durchdringung', aufgrund derer die Opposition als nahezu passgenaue Anpassung an den Status quo endet. Willis nennt die ‚Durchdringungen' und ‚Beschränkungen', die er beobachtet hat, zeigt hauptsächlich am Beispiel des Berufskundeunterrichts auf, wie Ideologie ‚von oben', meist unbeabsichtigt, bestätigend auf die Beschränkungen und verrückend auf die Durchdringungen einwirkt und geht zuletzt, nach einigen Anmerkungen zu seiner Auffassung vom Wesen der kulturellen Ebene und zur sozialen Reproduktion im Allgemeinen, auf die praktisch-politischen Implikationen seiner Studie ein. Den Grund, warum es einer solchen Analyse bedarf, die sich weiter vom empirischen Material löst, und warum sich z.B. Durchdringung und Beschränkung nicht einfach durch Befragung der Mitglieder der Gegen-Schulkultur ermitteln lassen, sieht Willis darin, dass dabei im direkten expliziten Bewusstsein der Beteiligten wohl oft nur Endstadien von Kulturprozessen reflektiert werden, mystifizierte und widersprüchliche ausgelebte Formen der zentralen Einsichten. (vgl. S. 189) Es gibt also ein stilles Zentrum der Kultur, welches der Ethnografie nicht zugänglich ist, das sich nur durch die Rückübersetzung der äußeren Merkmale in ihre Mitte, sprich durch Interpretation und Analyse erkennen lässt. (vgl. S. 188) So sieht Willis z.B. in der Vermeidung schulischer Arbeit und Disziplin und im Unglauben an ein Spektrum der Berufschancen, welches das Spektrum menschlichen Bestrebens befriedigen könnte, eine Durchdringung des ‚Unterrichtsparadigmas' – der Quelle der Autorität in der Schule – das besagt, dass die Qualifikationen, welche die Arbeiterkinder in der Schule erhalten können, ein Äquivalent zu der Zeit und der Selbstbestimmung seien, die sie dafür opfern müssen. Als Beschränkung wirkt andererseits der Sexismus in Verbindung mit der Trennung von geistiger und körperlicher Arbeit, was letztlich zur besonderen Auffassung der „lads" von körperlicher Arbeit als Ausdruck von Männlichkeit, Dominanz und Erwähltheit führt. Die praktischen Maßnahmen zur Verbesserung der Situation in der Schule, die Willis am Ende des Buches folgert, laufen darauf hinaus, dass die Verantwortlichen innerhalb des Bildungswesens ein Verständnis für die Gegen-Schulkultur entwickeln, ihre Möglichkeiten und Einschränkungen erkennen und daran ansetzend in der Lage sein sollen, mit den Schülern die „Schul-Gegenkultur in ihren richtigen sozialen Kontext [zu] stellen und ihre Implikationen für die langfristige Zukunft ihrer Mitglieder [zu] erörtern." (S. 271)

„Spaß am Widerstand" ist eine aufschlussreiche Ethnographie der kulturellen Verhältnisse innerhalb einer Schule und bietet mit seinen Analysen sinnvolle Ansätze zu einem besseren Verständnis dieser. Willis ist es gelungen den „lads" näher zu kommen, als es in der obigen Zusammenfassung vielleicht den Anschein hat. Das Vertrauen, das er bei ihnen gewonnen hat, geht soweit, dass sie ihm auch von ihren illegalen Aktivitäten berichten. Vor allem scheint dies daran zu liegen, dass sie bei ihm ein ehrliches Interesse wahrnehmen, an dem, was sie sagen, das sie im Vergleich zu dem der Lehrer, wenn sie von ihnen ausgefragt werden, als uneigennützig und ohne Hintergedanken betrachten (siehe S. 279). Die oben beschriebene Struktur des ersten Teils der Publikation, mit seinen kurzen, meist prägnanten Auszügen aus dem Material der Feldforschung, bietet eine hohe Informationsdichte und Lesbarkeit, die dem Anspruch, nicht nur Sozialwissenschaftler, sondern auch ein allgemein interessiertes Publikum zu erreichen, gerecht wird. Der Zusammenhang zwischen den Beschreibungen darin und auch den Analysen des zweiten Teils mit diesen Auszügen ist in den meisten Fällen sehr klar. Leider verlangt die Vorgehensweise dem Leser auch ein hohes Vertrauen in die relative Neutralität des Autors bei der Auswahl solcher Stellen ab. Zum Teil wären weitere und umfangreichere Auszüge aus seinem Material nicht nur dazu geeignet gewesen, zu überprüfen, ob sich mit ihnen noch eine andere Auffassung der Gegen-Schulkultur, als die von Willis stützen ließe, sondern auch um sich von weitreichenden Charakterisierungen der Gegen-Schulkultur – vor allem was die Beschreibung ihres Sexismus anbelangt – ein eigenes Bild machen zu können. Dass im ganzen Abschnitt, der vom Sexismus der „lads" und dessen Bestärkung durch das Verhalten ihrer Mitschülerinnen handelt, nur die Transkription eines einzigen kurzen beiläufigen Gesprächs der „lads" mit Mädchen vorkommt, ist aber der einzige Fall, in dem mir das empirische Material wirklich unzulänglich vorkommt. Neben einigen teilweise unklaren Metaphern, die Willis in seinen Beschreibungen verwendet, gibt es an seiner Analyse noch einen wichtigen problematischen Punkt zu nennen: das Verhältnis seines Befundes über den unfreien Zustand, der von den „lads" beim Übergang zum Arbeitsplatz freiwillig eingegangen wird (siehe S. 185), zu ihrer eigenen Beurteilung dieser Situation. Einerseits zeigt Willis, dass länger angestellte Arbeiter den Werdegang zum Fabrikarbeiter fatalistisch betrachten. Sie sind der Auffassung, dass auf die anfängliche Motivation, dort zu arbeiten, immer die notwendig zu späte Einsicht in deren Unsinnigkeit folgt. Andererseits scheint die Bejahung der körperlichen Arbeit etwas zu sein, das sich auch durch die ganze weitere Arbeiterkultur zieht. Auf dieses paradoxe Verhältnis der Arbeiter zu ihrer Arbeit geht Willis nicht weiter ein, vermutlich da er sich primär mit den „lads" beschäftigt, aber falls die Arbeit in der Fabrik, wenn auch mit Einschränkungen, tatsächlich etwas ist, das sie auch langfristig bejahen werden, erscheint die Grundlage dafür, dies einen unfreien Zustand zu nennen, fragwürdig.

Dennoch bietet die Analyse im zweiten Teil des Buches – neben der Ethnografie, die für alle an Jugendkulturen und an deren Verhältnis zur Schule interessierten Leser empfehlenswert ist – Interpretationen auf Grundlage einer Theorie der halb-autonomen kulturellen Eben, welche die Verhältnisse, die im ersten Teil des Buches geschildert werden, durchaus aufklären. Aufgrund ihrer teils sehr starken Abstraktion, z.B. wenn es um das Potential der Arbeiterklasse geht, ist sie nicht leicht zugänglich, für Sozialwissenschaftler bietet sie dafür aber ungewöhnliche theoretische Ansätze, die sich nur schwer in eine der soziologischen „Schulen" einordnen lassen.